spot

LOS GATOS SALVAJES

LOS TIGRES

pcr Alissa Thielges

AMICUS | AMICUS INK

rayas

bigotes

Busca estas palabras e imágenes mientras lees.

cola

cría de tigre

Un gato rayado deambula por la jungla. ¡Es un tigre!

Los tigres son los gatos salvajes más grandes. Viven en Asia.

rayas

¿Ves las rayas? Ayudan al tigre a esconderse. No hay dos tigres que se vean iguales.

¿Ves la cola larga?
La usa para tener equilibrio.
El tigre hace giros rápidos.

cola

¿Ves los bigotes?
Se usan para el tacto.
Ayudan al tigre a
cazar por la noche.

bigotes

¿Ves a las crías? Se quedan con mamá por dos años. Aprenden a cazar.

cría de tigre

A los tigres les encanta
el agua. Ellos nadan
y juegan. ¡Al agua!

rayas

bigotes

¿Lo encontraste?

cola

cría de tigre

Spot es una publicación de Amicus y Amicus Ink
P.O. Box 1329, Mankato, MN 56002
www.amicuspublishing.us

Library of Congress Cataloging-in-Publication Data
Names: Thielges, Alissa, 1995- author.
Title: Los tigres / by Alissa Thielges.
Other titles: Tigers. Spanish
Description: Mankato, MN : Amicus/Amicus Ink, [2021] | Series: Spot gatos salvajes | Audience: Ages 4-7 | Audience: Grades K-1
Identifiers: LCCN 2019050211 (print) | LCCN 2019050212 (ebook) | ISBN 9781645491859 (library binding) | ISBN 9781681527147 (paperback) | ISBN 9781645492115 (pdf)
Subjects: LCSH: Tiger—Juvenile literature.
Classification: LCC QL737.C23 T47353618 2021 (print) | LCC QL737.C23 (ebook) | DDC 599.756—dc23

Impreso en los Estados Unidos de America

HC 10 9 8 7 6 5 4 3 2 1
PB 10 9 8 7 6 5 4 3 2 1

Gillia Olson, editora
Deb Miner, diseñadora de la serie
Ciara Beitlich, diseñadora de libro & investigación fotográfica

Créditos de las imágenes: Alamy/Mark Passmore 12-13; Getty/John Conrad 14-15; Getty/dikkyoesin1 cover, 16; iStock/GlobalP 1, 10-11; iStock/Photocech 4-5, 6-7; Minden/Edwin Giesbers 8-9; Shutterstock/Ewa Studio 3